W0379985

Cathy Ytak
Photographies de David Japy
Stylisme de Sabrina Fauda-Rôle

Pain de campagne maison

LES PETITS PLATS
MARABOUT
ORIGINAUX & AUTHENTIQUES
DEPUIS L'AN 2000

Sommaire

LES PAINS DU GOÛTER

LES PAINS DE L'APÉRO

LES PAINS SPÉCIAUX

BRIOCHES

Ingrédients et ustensiles

De quoi est fait le pain ? De farine, d'eau, de sel et de levain (ou de levure). Ces quatre éléments sont indispensables, et tous doivent être de très bonne qualité.

Farine

Il existe des farines de différents types (T), plus ou moins complètes, c'est-à-dire dans lesquelles on a plus ou moins conservé l'enveloppe du grain. On trouve aussi des farines toutes prêtes pour faire du pain. Elles sont pratiques, mais certaines contiennent des additifs. Les pesticides se trouvant concentrés sur l'enveloppe des grains, il est conseillé, si l'on utilise une farine complète, de la choisir biologique.

LES TYPES

T45 : farine très raffinée, utilisée en viennoiserie ; elle n'est pas indiquée pour faire du pain.
T55 et T65 : farines blanches classiques pour faire du pain.
T80 (farine bise) **:** farine un peu moins raffinée.
T110, T130, T150 et T170 : farines qui donnent un pain plus compact, plus complet et plus fort en goût. Ces farines se trouvent en magasins bio.

FARINES PANIFIABLES / NON PANIFIABLES

Tout dépend de la céréale ou de l'ingrédient dont elles sont issues.
Les farines panifiables : de blé, d'épeautre, de seigle, de Kamut®… Elles contiennent du gluten, indispensable à la levée du pain.
Les farines non panifiables : de maïs, de pois chiche… Elles peuvent être ajoutées à de la farine panifiable dans une proportion inférieure à 50 %. D'autres farines (de sarrasin, de chanvre, de châtaigne…) ont un goût puissant et ne doivent pas dépasser 10 à 15 % du poids total de farine. Plusieurs de ces farines portent également un numéro. Plus il est élevé, plus elles sont complètes.

farine d'épeautre
farine de maïs
farine multicéréales
farine de blé T80
farine de blé T65
farine de kamut®
farine de blé T150
farine de sarrasin

Levain ou levure

Indispensables pour faire lever le pain.

LEVAIN

Levain fait maison (levain frais) : mélange de farine et d'eau mis à fermenter pendant plusieurs jours, puis « nourri » (voir page ci-contre).

Levain déshydraté : vendu en magasin bio, il se présente comme de la farine et porte souvent le nom de « levain fermentescible déshydraté ». Il suffit de le mélanger directement avec la farine.

LEVURE

Levure de boulanger déshydratée : aussi appelée « levure instantanée », « levure de boulanger spécial pain » ou « levure suractivée », en vente en supermarché.

Levure de boulanger fraîche : vendue chez le boulanger sous forme de cubes. Attention, pour garder son efficacité, elle ne doit pas entrer en contact direct avec le sel.

LEVAIN OU LEVURE, QUE CHOISIR ?

Levain :

+ : pain authentique, rustique / se conserve longtemps / l'acide phytique (un acide présent dans les céréales complètes) est détruit.

– : la pâte lève moins vite.

Levure de boulanger :

+ : pain plus gonflé / goût plus doux / levée plus rapide.

– : goût de levure parfois plus prononcé.

Sauf mention contraire, tous les pains de cet ouvrage sont réalisés avec du levain déshydraté.

Levain frais (maison)

Faire son levain est une expérience passionnante. S'il n'est pas toujours facile à réussir, il permet d'obtenir des pains au goût rustique inimitable. Il faut 5 jours pour obtenir un premier levain, le « levain chef ». Il peut ensuite se garder indéfiniment, à condition d'être régulièrement rafraîchi.

PRÉPARATION DU LEVAIN CHEF

Jour 1

Mélanger 30 ml d'eau non chlorée tiède avec 30 g de farine (blé ou seigle) T110 et 1 c. à c. de miel liquide. Placer le mélange dans un bocal en verre, non fermé hermétiquement, dans un endroit tiède (25 °C) à l'abri des courants d'air. Remuer le mélange 2 fois par jour pour éviter la formation d'une croûte.

Jour 2 et 3

Laisser la fermentation se faire, en remuant deux fois par jour.

Jour 4

Le mélange commence à faire des bulles et à dégager une odeur de fermentation. Il doit être rafraîchi : ajouter 30 ml d'eau et 30 g de farine T110. Bien mélanger et placer dans un bocal en verre haut (le mélange va gonfler, puis dégonfler). Laisser fermenter 24 heures.

Jour 5

Rafraîchir avec 30 ml d'eau et 30 g de farine T110, ajouter 1 cuillerée à café de miel liquide et bien mélanger (le miel permet de booster la fermentation ; ne plus en ajouter par la suite).

Jour 6

Le levain chef est prêt à être utilisé.

UTILISATION DU LEVAIN CHEF

Il est indispensable de rafraîchir le levain chef quelques heures avant d'en prélever pour faire le pain. Ajouter au levain chef 60 ml d'eau tiède et 60 g de farine T110. Au bout de quelques heures, le mélange fait des bulles et a beaucoup gonflé. Prélever la quantité de levain nécessaire pour le pain (environ 150 g pour 500 g de farine). Laisser le reste dans le bocal pour une prochaine utilisation.

ENTRETIEN DU LEVAIN

Le levain, produit « vivant », a besoin d'être rafraîchi tous les 2 ou 3 jours. Pour cela, il faut peser le levain restant et lui ajouter son équivalent en poids d'eau tiède et le même poids de farine (s'il reste 120 g de levain, on ajoutera 120 ml d'eau et 120 g de farine). Bien mélanger puis remettre dans un grand bocal en verre propre, non hermétiquement fermé (le levain a besoin de respirer). Garder dans un endroit tiède et à l'abri des courants d'air.

Eau

La meilleure eau pour faire le pain est une eau pure ! L'eau du robinet, parfois trop chlorée, peut empêcher le pain de lever correctement. Mieux vaut utiliser de l'eau filtrée, de l'eau qui a reposé quelque temps avant d'être utilisée, ou de l'eau de source. L'eau peut être remplacée par d'autres liquides : le lait apporte du moelleux, les jus de fruits ou de légumes donnent goût et couleur… Tous les liquides doivent être à température ambiante.

Sel

Il donne du goût et se révèle indispensable pour éviter que le pain ne lève trop et retombe à la cuisson. Il doit être le moins raffiné possible. Le sel gris fin de Guérande, par exemple, est idéal.

Autres ingrédients

D'autres ingrédients, facultatifs, peuvent entrer dans la confection du pain.
Le sucre donne une mie plus fine et une croûte plus dorée.
Le beurre ou l'huile (d'olive, de préférence) apportent du moelleux et une meilleure conservation
Le jus de citron, à raison d'une petite cuillerée à café, donne au pâton une meilleure élasticité. Il neutralise en outre le goût de la levure de boulanger, que certains n'apprécient pas.
Les œufs rendent le pain plus tendre, mais le font sécher plus vite.

Ustensiles

BANNETON

Il sert à contenir le pâton pendant sa levée, évitant qu'il s'étale. Il est souvent en osier recouvert d'une toile de lin. Il doit être largement fariné avant chaque utilisation et ne doit pas être lavé.

BANNETON "MAISON"

Prendre une passoire ou un saladier et le garnir d'un torchon de lin ou de coton/lin fariné.

ROBOT MÉNAGER

Il doit être équipé d'un crochet pétrisseur, ou d'une pale de pétrissage.

TORCHON

On l'utilise pour couvrir la pâte en cours de levée, ou pour les bannetons maison. Il doit être en lin ou en lin/coton. Il doit être propre, lavé à 90°, sans savon ni adoucissant.

COUTEAU, LAMES

Une lame de rasoir ou de gros cutter permet de faire les entailles sur le pain. Un grand couteau est utile pour couper le pâton en plusieurs parts.

AUTRES USTENSILES

Une petite balance électronique pour une pesée de précision.
Une plaque de four, pour la cuisson du pain. À fariner, sauf si elle est antiadhésive.

Faire son pain - la démo

AU PRÉALABLE

Avant de commencer, tous les ingrédients doivent être à température ambiante.

FRASAGE

Mélanger les ingrédients à la main ou les placer dans un robot (voir pages 12-13).

PÉTRISSAGE

Pétrir la pâte à la main ou au robot (voir pages 12-13).

PREMIÈRE LEVÉE : POINTAGE

Mettre le pâton dans un saladier assez profond et fariné, couvrir d'un torchon humide et fariné puis réserver dans un endroit tiède (de 22 à 26 °C) à l'abri des courants d'air pendant 1 à 2 heures. Le pâton doit beaucoup gonfler.
Le temps de levée dépend de la température extérieure, de l'humidité ambiante et de la farine utilisée : plus il fait chaud, plus la levée est courte ; plus la farine est complète, plus le pain lève lentement. Les temps de levée sont donc donnés à titre indicatif.
Pour savoir si le pâton a assez levé, poser doucement le bout d'un doigt dessus : si la marque s'efface aussitôt, le pain a assez levé ; si ce n'est pas le cas, prolonger le temps de levée.

FAÇONNAGE

Façonner le pain selon la forme souhaitée (voir pages 14-15).

ECONDE LEVÉE : APPRÊT

Bien fariner le pâton. Le poser sur une plaque (soudure en dessous) ou dans un banneton (soudure au-dessus), et le recouvrir d'un torchon. Le réserver à l'abri des courants d'air pendant 1 à 2 heures. Préchauffer le four à 220 °C pendant au moins 0 minutes avant d'enfourner.

ENTAILLES OU GRIGNES

Si le pâton a levé en banneton, le retourner très délicatement sur une plaque farinée (il est alors très fragile) : la soudure doit être dessous (côté plaque). Juste avant de l'enfourner, l'inciser sur le dessus à l'aide d'une lame de rasoir ou d'un cutter. Faire les entailles, ou grignes, dans le sens de la longueur avec un angle de 30° environ si c'est un pain long, et en croix s'il s'agit d'une boule. D'autres types de grignes sont possibles : en chevron, en long, en demi-lune…

Elles sont essentielles : elles vont s'ouvrir à la cuisson permettant ainsi au pain de gonfler harmonieusement. Si le pâton est assez mou, l'inciser superficiellement (environ 5 mm) ; s'il est ferme, l'inciser plus profondément (entre 10 et 20 mm).

MISE AU FOUR ET COUP DE BUÉE

Mettre la plaque dans le four. Jeter aussitôt un peu d'eau bouillante sur la lèchefrite afin de provoquer de la vapeur d'eau, et refermer la porte très vite. Ce coup de buée dans les premières secondes de la cuisson est le secret d'une croûte bien dorée. Laisser le pain cuire pendant 30 à 40 minutes, sans ouvrir le four. Dès la fin de la cuisson, lorsque la croûte est bien dorée, le sortir et le laisser refroidir sur une grille avant de le consommer. Pour vérifier que le pain est bien cuit, tapoter le dessous : il doit sonner creux.

En détail : pétrissage à la main

Lorsqu'on pétrit à la main, la première étape est le frasage : le mélange des ingrédients.

1. Verser la farine mélangée au sel sur un plan de travail.

2. Faire un creux au milieu et y mettre le levain déshydraté (ou le levain fait maison, ou la levure de boulanger). Ajouter un peu d'eau et rabattre la farine vers le centre.

3. Mélanger à l'aide d'un doigt, dans un mouvement circulaire.

4. Continuer à ajouter de l'eau petit à petit, et à ramener la farine vers le centre pour la mélanger au liquide.

5. Incorporer le reste de farine. Ne jamais mettre toute l'eau lors du frasage : mieux vaut une pâte un peu sèche au départ, elle pourra être humidifiée en cours de pétrissage.

6. Pétrir énergiquement la pâte avec les paumes.

7. La malaxer de manière régulière pendant environ 10 minutes, jusqu'à ce qu'elle soit élastique et se détache des doigts. Si elle reste trop collante, ajouter quelques grammes de farine. Si elle est trop sèche, il suffit parfois de s'humecter les mains pour l'humidifier suffisamment.

8. Placer le pâton fariné dans un saladier profond bien fariné.

En détail : pétrissage au robot

1. Verser tous les ingrédients secs dans la cuve du robot muni du crochet pétrisseur.

2. Ajouter de l'eau (pour certains robots, l'eau doit être mise avant les ingrédients secs, voir les indications du fabricant).

3. Pétrir à petite vitesse pendant 2 à 3 minutes. Ajouter un peu d'eau ou de farine au besoin pour que le pâton soit souple.

4. Il est parfois nécessaire d'arrêter le robot en cours d'utilisation et de racler les bords pour ramener la pâte vers le centre du bol.

5. Pétrir à vitesse rapide pendant 5 à 10 minutes.

6. Lorsque la pâte est bien lisse, terminer le pétrissage à la main pendant quelques minutes.

Certains robots possèdent une lame « spécial pétrin » et proposent un pétrissage de 2 à 3 minutes à peine.

En détail : façonnage pain long

1. Pétrir le pâton 1 minute très délicatement. L'aplatir à l'aide de la paume des mains.

2. L'étaler jusqu'à former un rectangle. Plier ce rectangle en deux dans le sens de la longueur.

3. Souder les deux bords en les appuyant l'un contre l'autre avec les doigts. Appuyer sur ce rectangle pour l'agrandir et l'étaler.

4. Le replier une seconde fois en deux dans le sens de la longueur.

5. Bien souder les bords en les appuyant l'un contre l'autre avec les doigts (la soudure s'appelle la « clef »).

6. Rouler un peu le pâton sous la paume des mains afin qu'il prenne une forme cylindrique bien régulière.

En détail : façonnage pain rond

1. Pétrir le pâton quelques minutes très délicatement. L'aplatir à l'aide de la paume des mains. L'étaler jusqu'à former une galette ronde et plate.

2. Avec les mains, soulever les bords de la pâte.

3. Ramener les bords vers le centre.

4. Finir de ramener les bords de manière à former une boule.

5. Souder les bords de la pâte ensemble (la soudure s'appelle la « clef ») pour « fermer » la boule obtenue.

6. Retourner la boule de pâte : elle est prête pour la levée.

Pain blanc - recette de base

Cette recette détaille toutes les étapes du pain fait entièrement à la main.
Sauf mention contraire, ce processus est identique pour tous les pains.

20 minutes
2 à 3 heures
40 minutes

INGRÉDIENTS
(À TEMPÉRATURE AMBIANTE)
500 g de farine de blé T65
300 ml d'eau
20 g de levain déshydraté*
8 g de sel

Mettre la farine mélangée au sel sur le plan de travail. Faire un creux au milieu et y mettre le levain déshydraté. Ajouter un peu d'eau et rabattre la farine vers le centre à l'aide d'un doigt, dans un mouvement circulaire. Continuer à ajouter de l'eau et à ramener la farine vers le centre pour la mélanger au liquide. Pétrir énergiquement la pâte avec les paumes pendant 10 minutes, en la malaxant de manière régulière jusqu'à ce qu'elle soit élastique et se détache des doigts. Si elle reste collante, ajouter un peu de farine ; si elle est trop sèche, s'humecter les mains ou ajouter quelques gouttes d'eau. Mettre le pâton bien fariné dans un saladier profond et fariné, couvrir d'un torchon humide et réserver dans un endroit tiède (entre 22 et 26 °C) à l'abri des courants d'air. Laisser reposer 1 heure à 1 heure 30 : le pâton doit beaucoup gonfler.

Sortir le pâton et le pétrir délicatement pendant 1 minute, puis procéder au façonnage (voir pages 14-15). Le déposer dans un banneton fariné ou sur la plaque du four farinée. Laisser reposer 1 heure à 1 heure 30 à l'abri des courants d'air dans un endroit tiède.

Préchauffer le four à 220 °C, chaleur traditionnelle, pendant au moins 10 minutes. Si le pain est dans un banneton, le renverser délicatement sur la plaque du four. L'entailler à l'aide d'une lame de rasoir (voir page 11). Enfourner sans attendre, jeter un peu d'eau bouillante sur la lèchefrite puis refermer la porte. Laisser cuire 30 à 40 minutes, sans ouvrir le four. Laisser refroidir sur une grille.

TEST LEVÉE
Poser doucement un doigt sur le pain : si la marque s'efface aussitôt, le pain a assez levé ; sinon, prolonger le temps de levée.

TEST CUISSON
Tapoter le dessous du pain : il doit sonner creux. La croûte doit être bien dorée.

* Ou 150 g de levain frais ou 20 g de levure de boulanger fraîche ou 10 g de levure de boulanger déshydratée.

Pain cocotte

*Grâce à l'utilisation d'une cocotte en fonte,
les levées sont plus rapides et la cuisson parfaite.*

20 minutes
1 heure 30
40 minutes

INGRÉDIENTS
(À TEMPÉRATURE AMBIANTE)
200 g de farine de blé T65
200 g de farine de blé bise T80*
100 g de farine de blé T150*
310 ml d'eau
20 g de levain déshydraté**
8 g de sel

Faire bouillir ½ litre d'eau dans une cocotte en fonte, couvercle fermé. Éteindre le feu, jeter l'eau et refermer soigneusement la cocotte.

PÉTRISSAGE À LA MAIN Mélanger tous les ingrédients en ajoutant l'eau, petit à petit, puis pétrir la pâte pendant 10 minutes, en la malaxant avec les paumes des mains jusqu'à ce qu'elle soit élastique et se détache des doigts (voir page 12).

PÉTRISSAGE AU ROBOT Mettre tous les ingrédients dans la cuve du robot muni du crochet pétrisseur et pétrir 3 minutes à vitesse lente, puis 7 minutes à vitesse rapide (voir page 13).

Fariner le pâton obtenu, le mettre dans la cocotte en fonte bien chaude et refermer le couvercle. Laisser reposer pendant 1 heure, puis sortir le pâton. Refaire bouillir ½ litre d'eau dans la cocotte en fonte. Retirer du feu puis jeter l'eau. Pétrir délicatement le pâton pendant 1 minute, puis procéder au façonnage en boule (voir page 15). La fariner généreusement, la redéposer dans la cocotte bien chaude et refermer le couvercle. Laisser lever de nouveau pendant environ 30 minutes.

Faire des entailles sur la boule (voir page 11), replacer le couvercle et enfourner aussitôt dans le four froid. Régler la température à 220 °C, chaleur traditionnelle, et faire cuire avec le couvercle pendant 30 à 35 minutes. Enlever le couvercle et prolonger la cuisson 10 minutes. Laisser refroidir le pain sur une grille.

* En épicerie bio.
** Ou 150 g de levain frais ou 20 g de levure de boulanger fraîche ou 10 g de levure de boulanger déshydratée.

STAUB
STAUB

Pain complet

Un pain dense, à la mie serrée, parfait pour accompagner une salade d'été.

20 minutes
3 à 4 heures
40 minutes

INGRÉDIENTS
(À TEMPÉRATURE AMBIANTE)
350 g de farine de blé bise* (T80 ou T110)
150 g de farine de blé complète T150*
320 ml d'eau
20 g de levain déshydraté**
8 g de sel

PÉTRISSAGE À LA MAIN Mélanger tous les ingrédients en ajoutant l'eau, petit à petit, puis pétrir la pâte pendant 10 minutes, en la malaxant avec les paumes des mains jusqu'à ce qu'elle soit élastique et se détache des doigts (voir page 12).

PÉTRISSAGE AU ROBOT Mettre tous les ingrédients dans la cuve du robot muni du crochet pétrisseur, et pétrir 3 minutes à vitesse lente, puis 7 minutes à vitesse rapide (voir page 13).

Mettre le pâton bien fariné dans un saladier assez profond et fariné, couvrir d'un torchon humide et réserver dans un endroit tiède (entre 22 et 26 °C) à l'abri des courants d'air. Laisser reposer entre 1 heure 30 et 2 heures. Sortir le pâton et le pétrir délicatement pendant 1 minute, puis procéder au façonnage en pain long (voir page 14). Le déposer sur la plaque du four farinée et laisser reposer de nouveau pendant 1 heure 30 à 2 heures, à l'abri des courants d'air et à une température comprise entre 22 et 26 °C.

Préchauffer le four à 220 °C, chaleur traditionnelle, pendant 10 minutes. Entailler le pâton dans la longueur et en chevrons (voir page 11). Enfourner sans attendre, jeter aussitôt un peu d'eau bouillante sur la lèchefrite afin de provoquer de la vapeur d'eau puis refermer la porte. Laisser cuire 30 à 40 minutes, sans ouvrir le four. Laisser refroidir sur une grille.

* En épicerie bio.
** Ou 150 g de levain frais ou 20 g de levure de boulanger fraîche ou 10 g de levure de boulanger déshydratée.

Pain bis

Un pain classique, au goût plus prononcé que le pain blanc.

20 minutes
2 à 3 heures
40 minutes

INGRÉDIENTS
(À TEMPÉRATURE AMBIANTE)
500 g de farine de blé bise* (T80 ou T110)
320 ml d'eau
20 g de levain déshydraté**
8 g de sel

PÉTRISSAGE À LA MAIN Mélanger tous les ingrédients en ajoutant l'eau, petit à petit, puis pétrir la pâte pendant 10 minutes, en la malaxant avec les paumes des mains jusqu'à ce qu'elle soit élastique et se détache des doigts (voir page 12).

PÉTRISSAGE AU ROBOT Mettre tous les ingrédients dans la cuve du robot muni du crochet pétrisseur, et pétrir 3 minutes à vitesse lente, puis 7 minutes à vitesse rapide (voir page 13).

Mettre le pâton bien fariné dans un saladier assez profond et fariné, couvrir d'un torchon humide et réserver dans un endroit tiède (entre 22 et 26 °C) à l'abri des courants d'air. Laisser reposer entre 1 heure et 1 heure 30. Sortir le pâton et le pétrir délicatement pendant 1 minute, puis procéder au façonnage en boule (voir page 15). Déposer celle-ci sur la plaque du four farinée et laisser reposer de nouveau pendant 1 heure à 1 heure 30, à l'abri des courants d'air et à une température comprise entre 22 et 26 °C.

Préchauffer le four à 220 °C, chaleur traditionnelle, pendant 10 minutes. Incisez légèrement la boule (voir page 11). Enfourner sans attendre, jeter aussitôt un peu d'eau bouillante sur la lèchefrite afin de provoquer de la vapeur d'eau puis refermer la porte. Laisser cuire 30 à 40 minutes, sans ouvrir le four. Laisser refroidir sur une grille.

* En épicerie bio.
** Ou 150 g de levain frais ou 20 g de levure de boulanger fraîche ou 10 g de levure de boulanger déshydratée.

Pain aux trois farines

Blé, seigle, épeautre : un mélange équilibré de trois farines pour un pain quotidien.

20 minutes
2 à 3 heures
40 minutes

INGRÉDIENTS (À TEMPÉRATURE AMBIANTE)

300 g de farine de blé bise T80*
150 g de farine de grand épeautre*
50 g de farine de seigle T70*
320 ml d'eau
20 g de levain déshydraté**
8 g sel

PÉTRISSAGE À LA MAIN Mélanger tous les ingrédients en ajoutant l'eau, petit à petit, puis pétrir la pâte pendant 10 minutes, en la malaxant avec les paumes des mains jusqu'à ce qu'elle soit élastique et se détache des doigts (voir page 12).

PÉTRISSAGE AU ROBOT Mettre tous les ingrédients dans la cuve du robot muni du crochet pétrisseur, et pétrir 3 minutes à vitesse lente, puis 7 minutes à vitesse rapide (voir page 13).

Mettre le pâton bien fariné dans un saladier assez profond et fariné, couvrir d'un torchon humide et réserver dans un endroit tiède (entre 22 et 26 °C) à l'abri des courants d'air. Laisser reposer entre 1 heure et 1 heure 30. Sortir le pâton et le pétrir délicatement pendant 1 minute, puis procéder au façonnage en boule (voir page 15). Déposer celle-ci sur la plaque du four farinée et laisser reposer de nouveau pendant 1 heure à 1 heure 30, à l'abri des courants d'air et à une température comprise entre 22 et 26 °C.

Préchauffer le four à 220 °C, chaleur traditionnelle, pendant 10 minutes. Faire une entaille profonde sur la boule (voir page 11). Enfourner sans attendre, jeter aussitôt un peu d'eau bouillante sur la lèchefrite afin de provoquer de la vapeur d'eau puis refermer la porte. Laisser cuire 30 à 40 minutes, sans ouvrir le four. Laisser refroidir sur une grille.

* En épicerie bio.
** Ou 150 g de levain frais ou 20 g de levure de boulanger fraîche ou 10 g de levure de boulanger déshydratée.

Pain aux graines

Un pain rustique,
aux graines mélangées.

20 minutes
2 à 3 heures
40 minutes

INGRÉDIENTS
(À TEMPÉRATURE AMBIANTE)
400 g de farine de blé bise T80*
50 g de farine de blé T65
50 g de farine complète T150*
320 ml d'eau
20 g de levain déshydraté**
8 g de sel
10 g de beurre
1 cuillerée à café de sucre roux
100 g de graines variées : tournesol, lin blond, lin brun, courge, pavot, sésame, moutarde...

* En épicerie bio.
** Ou 150 g de levain frais ou 20 g de levure de boulanger fraîche ou 10 g de levure de boulanger déshydratée.

PÉTRISSAGE À LA MAIN Mélanger tous les ingrédients, sauf les graines, en ajoutant l'eau, petit à petit, puis pétrir la pâte pendant 10 minutes, en la malaxant avec les paumes des mains jusqu'à ce qu'elle soit élastique et se détache des doigts (voir page 12). Ajouter les graines en fin de pétrissage.

PÉTRISSAGE AU ROBOT Mettre tous les ingrédients, sauf les graines, dans la cuve du robot muni du crochet pétrisseur, et pétrir 3 minutes à vitesse lente, puis 7 minutes à vitesse rapide (voir page 13). Ajouter les graines en fin de pétrissage.

Mettre le pâton bien fariné dans un saladier assez profond et fariné, couvrir d'un torchon humide et réserver dans un endroit tiède (entre 22 et 26 °C) à l'abri des courants d'air. Laisser reposer entre 1 heure et 1 heure 30. Sortir le pâton et le pétrir délicatement pendant 1 minute, puis procéder au façonnage en pain long (voir page 14) et tordre ce dernier sur lui-même. Le déposer dans un banneton fariné et le laisser reposer pendant 1 heure à 1 heure 30, à l'abri des courants d'air et à une température comprise entre 22 et 26 °C.

Préchauffer le four à 220 °C, chaleur traditionnelle, pendant 10 minutes. Renverser délicatement le pâton sur la plaque du four farinée. Sur ce pain tordu, les entailles ne sont pas indispensables, mais on peut en faire quelques-unes à l'aide d'une paire de ciseaux. Enfourner sans attendre, jeter aussitôt un peu d'eau bouillante sur la lèchefrite afin de provoquer de la vapeur d'eau puis refermer la porte. Laisser cuire 30 à 40 minutes, sans ouvrir le four. Laisser refroidir sur une grille.

Pain de seigle

On parle de "méteil" lorsque le pain contient autant de farine de seigle que de farine de blé. Délicieux avec du beurre.

20 minutes
3 à 4 heures
40 minutes

INGRÉDIENTS (À TEMPÉRATURE AMBIANTE)

250 g de farine de seigle T70*
250 g de farine de blé T65
330 ml d'eau
20 g de levain déshydraté**
8 g de sel

PÉTRISSAGE À LA MAIN Mélanger tous les ingrédients en ajoutant l'eau, petit à petit, puis pétrir la pâte pendant 10 minutes, en la malaxant avec les paumes des mains jusqu'à ce qu'elle soit élastique et se détache des doigts (voir page 12).

PÉTRISSAGE AU ROBOT Mettre tous les ingrédients dans la cuve du robot muni du crochet pétrisseur, et pétrir 3 minutes à vitesse lente, puis 7 minutes à vitesse rapide (voir page 13).

Mettre le pâton bien fariné dans un saladier assez profond et fariné, couvrir d'un torchon humide et réserver dans un endroit tiède (entre 22 et 26 °C) à l'abri des courants d'air. Laisser reposer entre 1 heure 30 et 2 heures. Sortir le pâton et le pétrir délicatement pendant 1 minute, puis procéder au façonnage en pain long (voir page 14). Le déposer dans un banneton fariné et le laisser reposer pendant 1 heure 30 à 2 heures, à l'abri des courants d'air et à une température comprise entre 22 et 26 °C.

Préchauffer le four à 220 °C, chaleur traditionnelle, pendant 10 minutes. Renverser délicatement le pâton sur la plaque du four farinée et l'entailler dans la longueur (voir page 11). Enfourner sans attendre, jeter aussitôt un peu d'eau bouillante sur la lèchefrite afin de provoquer de la vapeur d'eau puis refermer la porte. Laisser cuire 30 à 40 minutes, sans ouvrir le four. Laisser refroidir sur une grille.

BON À SAVOIR

Le pain de seigle est un pain qui lève beaucoup moins qu'un pain blanc. Il est plus difficile à pétrir, la pâte restant très collante.

* En épicerie bio.
** Ou 150 g de levain frais ou 20 g de levure de boulanger fraîche ou 10 g de levure de boulanger déshydratée.

Pain multicéréales aux raisins

Un pain pour le goûter.

20 minutes
3 à 4 heures
40 minutes

INGRÉDIENTS
(À TEMPÉRATURE AMBIANTE)
400 g de farine multicéréale*
100 g de farine de blé complète T150*
320 ml d'eau (ou plus selon le degré de mouture des farines)
20 g de levain déshydraté**
8 g de sel
70 g de raisins secs

* En épicerie bio.
** Ou 150 g de levain frais ou 20 g de levure de boulanger fraîche ou 10 g de levure de boulanger déshydratée.

Faire tremper les raisins secs dans de l'eau tiède ou du thé.

PÉTRISSAGE À LA MAIN Mélanger tous les ingrédients, sauf les raisins, en ajoutant l'eau, petit à petit, puis pétrir la pâte pendant 10 minutes, en la malaxant avec les paumes des mains jusqu'à ce qu'elle soit élastique et se détache des doigts (voir page 12). Quelques minutes avant la fin du pétrissage, ajouter les raisins bien égouttés.

PÉTRISSAGE AU ROBOT Mettre tous les ingrédients (sauf les raisins) dans la cuve du robot muni du crochet pétrisseur, et pétrir 3 minutes à vitesse lente, puis 7 minutes à vitesse rapide (voir page 13). Ajouter les raisins bien égouttés en fin de pétrissage.

Mettre le pâton bien fariné dans un saladier assez profond et fariné, couvrir d'un torchon humide et réserver dans un endroit tiède (entre 22 et 26 °C) à l'abri des courants d'air. Laisser reposer entre 1 heure 30 et 2 heures. Sortir le pâton et le pétrir délicatement pendant 1 minute, puis procéder au façonnage en pain long (voir page 14). Le déposer dans un banneton fariné et le laisser reposer pendant 1 heure 30 à 2 heures, à l'abri des courants d'air et à une température comprise entre 22 et 26 °C.

Préchauffer le four à 220 °C, chaleur traditionnelle, pendant 10 minutes. Renverser délicatement le pâton sur la plaque du four farinée et l'entailler (voir page 11). Enfourner sans attendre, jeter aussitôt un peu d'eau bouillante sur la lèchefrite afin de provoquer de la vapeur d'eau puis refermer la porte. Laisser cuire 30 à 40 minutes, sans ouvrir le four. Laisser refroidir sur une grille.

Pain aux noix au sarrasin

La farine de sarrasin donne à ce pain une saveur inimitable.

20 minutes
2 à 3 heures
40 minutes

INGRÉDIENTS
(À TEMPÉRATURE AMBIANTE)

450 g de farine de blé T65
50 g de farine de sarrasin*
310 ml d'eau
20 g de levain déshydraté**
8 g de sel
1 cuillerée à café de sucre
100 g de cerneaux de noix

PÉTRISSAGE À LA MAIN Mélanger tous les ingrédients, sauf les noix, en ajoutant l'eau, petit à petit, puis pétrir la pâte pendant 10 minutes, en la malaxant avec les paumes des mains jusqu'à ce qu'elle soit élastique et se détache des doigts (voir page 12). En fin de pétrissage, ajouter les cerneaux de noix.

PÉTRISSAGE AU ROBOT Mettre tous les ingrédients, sauf les noix, dans la cuve du robot muni du crochet pétrisseur, et pétrir 3 minutes à vitesse lente, puis 7 minutes à vitesse rapide (voir page 13). En fin de pétrissage, ajouter les cerneaux de noix.

Mettre le pâton bien fariné dans un saladier assez profond et fariné, couvrir d'un torchon humide et réserver dans un endroit tiède (entre 22 et 26 °C) à l'abri des courants d'air. Laisser reposer entre 1 heure et 1 heure 30. Sortir le pâton et le pétrir délicatement pendant 1 minute, puis procéder au façonnage en long (voir page 14) puis former une couronne en laissant un large trou au centre (il se réduira lors de la levée). Déposer celle-ci sur la plaque du four farinée et laisser reposer de nouveau pendant 1 heure à 1 heure 30, à l'abri des courants d'air et à une température comprise entre 22 et 26 °C.

Préchauffer le four à 220 °C, chaleur traditionnelle, pendant 10 minutes. Faire des entailles sur le pâton en carré (voir page 11). Enfourner sans attendre, jeter aussitôt un peu d'eau bouillante sur la lèchefrite afin de provoquer de la vapeur d'eau puis refermer la porte. Laisser cuire 30 à 40 minutes sans ouvrir le four. Laisser refroidir sur une grille.

* En épicerie bio.

** Ou 150 g de levain frais ou 20 g de levure de boulanger fraîche ou 10 g de levure de boulanger déshydratée.

Pain au müesli

*Un pain qui se déguste comme un gâteau
pour des petits déjeuners ou des goûters gourmands.*

20 minutes
3 heures
40 minutes

**INGRÉDIENTS
(À TEMPÉRATURE AMBIANTE)**

300 g de farine de blé bise T80*
50 g de farine de blé T65
50 g de farine de seigle*
100 g de muesli
300 à 320 ml de liquide, moitié lait moitié eau
20 g de levain déshydraté**
8 g de sel
20 g de beurre
20 g de miel
70 g de figues séchées
30 g d'abricots secs

* En épicerie bio.
** Ou 150 g de levain frais ou 20 g de levure de boulanger fraîche ou 10 g de levure de boulanger déshydratée.

Mettre les figues et les abricots secs à tremper dans de l'eau tiède .

PÉTRISSAGE À LA MAIN Mélanger tous les ingrédients, sauf les fruits secs, en ajoutant le mélange liquide, petit à petit, puis pétrir la pâte 10 minutes, en la malaxant avec les paumes des mains jusqu'à ce qu'elle soit élastique et se détache des doigts (voir page 12). Ajouter la moitié des fruits secs en fin de pétrissage.

PÉTRISSAGE AU ROBOT Mettre tous les ingrédients, sauf les fruits secs, dans la cuve du robot muni du crochet pétrisseur, et pétrir 3 minutes à vitesse lente, puis 7 minutes à vitesse rapide (voir page 13). Ajouter la moitié des fruits secs en fin de pétrissage.

Mettre le pâton bien fariné dans un saladier profond et fariné, couvrir d'un torchon humide et réserver dans un endroit tiède (entre 22 et 26 °C) à l'abri des courants d'air. Laisser reposer pendant 1 heure 30. Sortir le pâton et le pétrir délicatement pendant 1 minute, puis l'aplatir et le recouvrir des figues et des abricots secs égouttés et coupés en dés. Façonner le pâton en pain long puis en couronne (voir page 14). Déposer celle-ci sur la plaque du four farinée et laisser reposer pendant 1 heure 30, à l'abri des courants d'air et dans un endroit tiède.

Préchauffer le four à 220 °C, chaleur traditionnelle, au moins 10 minutes. Faire des entailles sur la couronne à l'aide d'une paire de ciseaux. Enfourner sans attendre, jeter aussitôt un peu d'eau bouillante sur la lèchefrite puis refermer la porte. Laisser cuire 30 à 40 minutes, sans ouvrir le four. Laisser refroidir sur une grille.

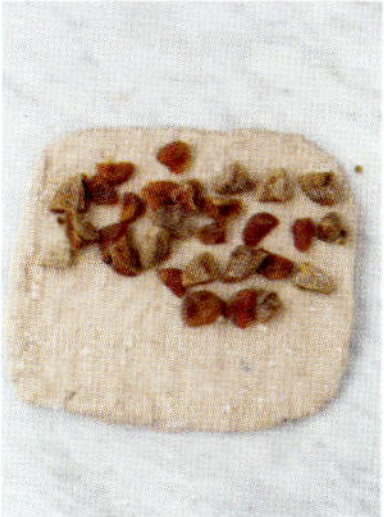

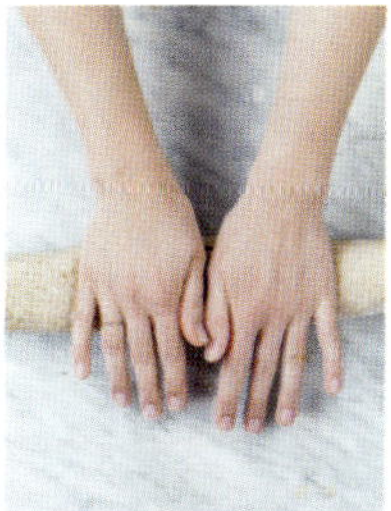

Pain pécan-raisins

Un pain qui conjugue la douceur des raisins, le croquant des noix de pécan et le goût des céréales.

20 minutes
2 à 3 heures
40 minutes

INGRÉDIENTS
(À TEMPÉRATURE AMBIANTE)
300 g de farine de blé T65
200 g de farine mélangée aux cinq céréales
310 ml d'eau
20 g de levain déshydraté*
8 g de sel
10 g de beurre
20 g de sucre roux
30 g de raisins secs
40 g de noix de pécan

* Ou 150 g de levain frais ou 20 g de levure de boulanger fraîche ou 10 g de levure de boulanger déshydratée.

PÉTRISSAGE À LA MAIN Mélanger tous les ingrédients, sauf les raisins secs et les noix de pécan, en ajoutant l'eau, petit à petit, puis pétrir la pâte pendant 10 minutes, en la malaxant avec les paumes des mains jusqu'à ce qu'elle soit élastique et se détache des doigts (voir page 12). En fin de pétrissage, ajouter les raisins secs et les noix de pécan.

PÉTRISSAGE AU ROBOT Mettre tous les ingrédients, sauf les raisins secs et les noix de pécan dans la cuve du robot muni du crochet pétrisseur, et pétrir 3 minutes à vitesse lente, puis 7 minutes à vitesse rapide (voir page 13). En fin de pétrissage, ajouter les raisins secs et les noix de pécan.

Mettre le pâton bien fariné dans un saladier assez profond et fariné, couvrir d'un torchon humide et réserver dans un endroit tiède (entre 22 et 26 °C) à l'abri des courants d'air. Laisser reposer entre 1 heure et 1 heure 30. Sortir le pâton et le pétrir délicatement pendant 1 minute, puis procéder au façonnage en pain long (voir page 14). Le déposer sur la plaque du four bien farinée, et laisser reposer de nouveau pendant 1 heure à 1 heure 30, à l'abri des courants d'air et à une température comprise entre 22 et 26 °C.

Préchauffer le four à 220 °C, chaleur traditionnelle, pendant 10 minutes. Entailler le pâton en long (voir page 11). Enfourner sans attendre, jeter aussitôt un peu d'eau bouillante sur la lèchefrite afin de provoquer de la vapeur d'eau puis refermer la porte. Laisser cuire 30 à 40 minutes, sans ouvrir le four. Laisser refroidir sur une grille.

Pain au cacao

Du cacao, des pépites de chocolat et des fruits secs : un petit pain plein d'énergie, au goût de chocolat corsé.

20 minutes
2 à 3 heures
40 minutes

INGRÉDIENTS
(À TEMPÉRATURE AMBIANTE)
250 g de farine de blé T65
150 ml d'eau
10 g de levain déshydraté*
4 g de sel
10 g de cacao en poudre non sucré
50 g d'amandes, de noisettes
et de raisins secs mélangés
40 g de pépites de chocolat

PÉTRISSAGE À LA MAIN Mélanger tous les ingrédients, sauf les fruits secs et les pépites de chocolat, en ajoutant l'eau, petit à petit, puis pétrir la pâte pendant 10 minutes, en la malaxant avec les paumes des mains jusqu'à ce qu'elle soit élastique et se détache des doigts (voir page 12). En fin de pétrissage, ajouter les fruits secs.

PÉTRISSAGE AU ROBOT Mettre tous les ingrédients, sauf les fruits secs et les pépites de chocolat, dans la cuve du robot muni du crochet pétrisseur, et pétrir 3 minutes à vitesse lente, puis 7 minutes à vitesse rapide (voir page 13). En fin de pétrissage, ajouter les fruits secs.

Mettre le pâton fariné dans un saladier profond et fariné, couvrir d'un torchon humide et réserver dans un endroit tiède (entre 22 et 26 °C) à l'abri des courants d'air. Laisser reposer entre 1 heure et 1 heure 30. Sortir le pâton du saladier, ajouter les pépites de chocolat et pétrir délicatement pendant 1 minute, puis procéder au façonnage en pain long (voir page 14). Déposer celui-ci sur la plaque du four farinée et laisser reposer de nouveau 1 heure à 1 heure 30, à l'abri des courants d'air, dans un endroit tiède.

Préchauffer le four à 220 °C, chaleur traditionnelle, pendant 10 minutes. Entailler le pain en losange (voir page 11). Enfourner sans attendre, jeter un peu d'eau bouillante sur la lèchefrite afin de provoquer de la vapeur d'eau puis refermer la porte. Laisser cuire 30 à 40 minutes, sans ouvrir le four. Laisser le pain refroidir sur une grille.

ASTUCES
Mettre les pépites de chocolat au congélateur avant utilisation, elles fondront moins vite lors de la cuisson. Si elles brûlent sur le dessus, les gratter à l'aide d'un couteau.

* Ou 75 g de levain frais ou 10 g de levure de boulanger fraîche ou 5 g de levure de boulanger déshydratée.

Pain au lait fermenté

Dans cette recette, une partie de l'eau est remplacée par du lait fermenté (kéfir). Cela donne un très léger goût acidulé au pain.

20 minutes
2 à 3 heures
40 minutes

INGRÉDIENTS
(À TEMPÉRATURE AMBIANTE)

400 g de farine de blé T65
100 g de farine de seigle T70*
120 ml de lait fermenté + 190 ml d'eau
20 g de levain déshydraté**
8 g de sel
1 cuillerée à café de sucre

PÉTRISSAGE À LA MAIN Mélanger tous les ingrédients en ajoutant le mélange liquide, petit à petit, puis pétrir la pâte pendant 10 minutes, en la malaxant avec les paumes des mains jusqu'à ce qu'elle soit élastique et se détache des doigts (voir page 12).

PÉTRISSAGE AU ROBOT Mettre tous les ingrédients dans la cuve du robot muni du crochet pétrisseur, et pétrir 3 minutes à vitesse lente, puis 7 minutes à vitesse rapide (voir page 13).

Mettre le pâton bien fariné dans un saladier profond et fariné, couvrir d'un torchon humide et réserver dans un endroit tiède (entre 22 et 26 °C) à l'abri des courants d'air. Laisser reposer entre 1 heure et 1 heure 30.
Sortir le pâton et le pétrir délicatement pendant 1 minute, puis procéder au façonnage en pain long (voir page 14). Déposer le pain sur la plaque du four farinée et laisser reposer de nouveau pendant 1 heure à 1 heure 30, à l'abri des courants d'air et à une température comprise entre 22 et 26 °C.

Préchauffer le four à 220 °C, chaleur traditionnelle, pendant 10 minutes. Entailler le pain (voir page 11). Enfourner sans attendre, jeter aussitôt un peu d'eau bouillante sur la lèchefrite afin de provoquer de la vapeur d'eau puis refermer la porte. Laisser cuire 30 à 40 minutes, sans ouvrir le four. Laisser refroidir sur une grille.

* En épicerie bio.
** Ou 150 g de levain frais ou 20 g de levure de boulanger fraîche ou 10 g de levure de boulanger déshydratée.

Petits pains au fromage

Des petits pains à servir avec une entrée de crudités ou à emporter en pique-nique.

20 minutes
2 à 3 heures
30 minutes

INGRÉDIENTS (À TEMPÉRATURE AMBIANTE)

400 g de farine de blé T65
100 g de farine d'épeautre T70*
310 ml d'eau
20 g de levain déshydraté**
7 g de sel
150 g de comté (ou d'emmental)

* En épicerie bio.
** Ou 150 g de levain frais ou 20 g de levure de boulanger fraîche ou 10 g de levure de boulanger déshydratée.

Couper le fromage en petits dés.

PÉTRISSAGE À LA MAIN Mélanger tous les ingrédients, sauf les dés de fromage, en ajoutant l'eau, petit à petit, puis pétrir la pâte pendant 10 minutes, en la malaxant avec les paumes des mains jusqu'à ce qu'elle soit élastique et se détache des doigts (voir page 12).

PÉTRISSAGE AU ROBOT Mettre tous les ingrédients, sauf les dés de fromage, dans la cuve du robot muni du crochet pétrisseur, et pétrir 3 minutes à vitesse lente, puis 7 minutes à vitesse rapide (voir page 13).

Mettre le pâton fariné dans un saladier assez profond et fariné, sous un torchon humide, dans un endroit tiède (entre 22 et 26 °) à l'abri des courants d'air. Laisser reposer entre 1 heure et 1 heure 30. Sortir le pâton et le pétrir délicatement pendant 1 minute. Le couper en deux morceaux égaux. Puis couper de nouveau chaque morceau en deux (on obtient quatre morceaux), puis encore en deux, afin d'obtenir huit morceaux de même poids. Les façonner en petites boules (voir page 15) puis les farcir avec de dés de fromage. Les déposer sur une plaque farinée, à l'abri des courants d'air. Laisser reposer de nouveau entre 1 heure et 1 heure 30.

Préchauffer le four à 220 °C, chaleur traditionnelle, pendant 10 minutes. Entailler les petits pains en croix. Enfourner sans attendre. Jeter sur la lèchefrite, dans le four, un peu d'eau bouillante (pour provoquer de la vapeur d'eau dans le four) puis refermer la porte aussitôt. Laisser cuire environ 30 minutes, sans ouvrir le four. Laisser refroidir les petits pains sur une grille.

Pain aux lardons

*Un pain à emporter en pique-nique
ou à servir avec une salade verte.*

20 minutes
2 à 3 heures
40 minutes

INGRÉDIENTS
(À TEMPÉRATURE AMBIANTE)
400 g de farine de blé T65
100 g de farine d'épeautre T70*
310 ml d'eau
20 g de levain déshydraté**
6 g de sel
200 g de lardons
1 cuillerée à soupe d'huile de tournesol

* En épicerie bio.
** Ou 150 g de levain frais ou 20 g de levure de boulanger fraîche ou 10 g de levure de boulanger déshydratée.

Couper les lardons en lamelles et les faire revenir à la poêle dans l'huile de tournesol, puis les égoutter.

PÉTRISSAGE À LA MAIN Mélanger tous les ingrédients, sauf les lardons, en ajoutant l'eau, petit à petit, puis pétrir la pâte pendant 10 minutes, en la malaxant avec les paumes des mains jusqu'à ce qu'elle soit élastique et se détache des doigts (voir page 12). En fin de pétrissage, ajouter les lardons bien égouttés.

PÉTRISSAGE AU ROBOT Mettre tous les ingrédients, sauf les lardons, dans la cuve du robot muni du crochet pétrisseur, et pétrir 3 minutes à vitesse lente, puis 7 minutes à vitesse rapide (voir page 13). En fin de pétrissage, ajouter les lardons bien égouttés.

Mettre le pâton bien fariné dans un saladier assez profond et fariné, couvrir d'un torchon humide et réserver dans un endroit tiède (entre 22 et 26 °C) à l'abri des courants d'air. Laisser reposer entre 1 heure et 1 heure 30. Sortir le pâton et le pétrir délicatement pendant 1 minute, puis procéder au façonnage en pain long (voir page 14). Le déposer dans un banneton fariné et le laisser reposer pendant 1 heure à 1 heure 30, à l'abri des courants d'air et à une température comprise entre 22 et 26 °C.

Préchauffer le four à 220 °C, chaleur traditionnelle, pendant 10 minutes. Renverser délicatement le pâton sur la plaque du four farinée et l'entailler (voir page 11). Enfourner sans attendre, jeter aussitôt un peu d'eau bouillante sur la lèchefrite afin de provoquer de la vapeur d'eau puis refermer la porte. Laisser cuire 30 à 40 minutes, sans ouvrir le four. Laisser refroidir sur une grille.

Pain aux olives

Un pain à servir avec tous les plats de l'été, les salades niçoises en particulier.

20 minutes
2 à 3 heures
40 minutes

INGRÉDIENTS
(À TEMPÉRATURE AMBIANTE)
400 g de farine de blé T65
60 g de farine de blé complète T150*
40 g de farine de seigle*
310 ml d'eau
20 g de levain déshydraté**
7 g de sel
1 cuillerée à soupe d'huile d'olive
30 g de tomates séchées
15 olives vertes et noires dénoyautées

* En épicerie bio.
** Ou 150 g de levain frais ou 20 g de levure de boulanger fraîche ou 10 g de levure de boulanger déshydratée.

PÉTRISSAGE À LA MAIN Mélanger tous les ingrédients, sauf les tomates et les olives, en ajoutant l'eau, petit à petit, puis pétrir la pâte pendant 10 minutes, en la malaxant avec les paumes des mains jusqu'à ce qu'elle soit élastique et se détache des doigts (voir page 12).

PÉTRISSAGE AU ROBOT Mettre tous les ingrédients, sauf les tomates et les olives, dans la cuve du robot muni du crochet pétrisseur, et pétrir 3 minutes à vitesse lente, puis 7 minutes à vitesse rapide (voir page 13).

Mettre le pâton bien fariné dans un saladier profond et fariné, couvrir d'un torchon humide et réserver dans un endroit tiède (entre 22 et 26 °C) à l'abri des courants d'air. Laisser reposer entre 1 heure et 1 heure 30.
Sortir le pâton et le pétrir délicatement pendant 1 minute, puis l'étaler en rectangle et ajouter les tomates séchées, coupées en morceaux, et les olives dénoyautées. Former une boule. La couper en deux morceaux égaux. Puis couper de nouveau chaque morceau en deux, puis encore en deux, afin d'obtenir huit morceaux de même poids. Les façonner en petites boules (voir page 15). Les déposer sur une plaque farinée et les laisser reposer pendant 1 heure à 1 heure 30, à l'abri des courants d'air et dans un endroit tiède.

Préchauffer le four à 220 °C, chaleur traditionnelle, pendant 10 minutes. Entailler légèrement chaque boule à l'aide d'une paire de ciseaux (voir page 11). Enfourner sans attendre, jeter aussitôt un peu d'eau bouillante sur la lèchefrite afin de provoquer de la vapeur d'eau puis refermer la porte. Laisser cuire 30 à 40 minutes, sans ouvrir le four. Laisser refroidir sur une grille.

Pain pavot, cumin, sésame

Un pain très fin,
relevé par le goût des graines.

20 minutes
2 à 3 heures
40 minutes

INGRÉDIENTS
(À TEMPÉRATURE AMBIANTE)

300 g de farine de blé bise* (T80 ou T110)
200 g de farine d'épeautre* (T70 ou T110)
310 ml d'eau
20 g de levain déshydraté**
8 g de sel
30 g de graines de pavot
30 g de graines de cumin
30 g de sésame

PÉTRISSAGE À LA MAIN Mélanger tous les ingrédients, sauf les graines, en ajoutant l'eau, petit à petit, puis pétrir la pâte pendant 10 minutes, en la malaxant avec les paumes des mains jusqu'à ce qu'elle soit élastique et se détache des doigts (voir page 12). Ajouter la moitié des graines en fin de pétrissage.

PÉTRISSAGE AU ROBOT Mettre tous les ingrédients, sauf les graines, dans la cuve du robot muni du crochet pétrisseur, et pétrir 3 minutes à vitesse lente, puis 7 minutes à vitesse rapide (voir page 13). Ajouter la moitié des graines en fin de pétrissage.

Mettre le pâton bien fariné dans un saladier assez profond et fariné, couvrir d'un torchon humide et réserver dans un endroit tiède (entre 22 et 26 °C) à l'abri des courants d'air. Laisser reposer entre 1 heure et 1 heure 30. Sortir le pâton et le pétrir délicatement pendant 1 minute. Le couper en deux morceaux égaux. Puis couper de nouveau chaque morceau en deux (on obtient quatre morceaux), puis encore en deux, afin d'obtenir huit morceaux de même poids. Procéder ensuite au façonnage en petites boules (voir page 15). Les déposer sur la plaque du four farinée et les laisser reposer pendant 1 heure à 1 heure 30, à l'abri des courants d'air et à une température comprise entre 22 et 26 °C.

Préchauffer le four à 220 °C, chaleur traditionnelle, pendant 10 minutes. Humecter la surface des pâtons à l'aide d'un pinceau, les saupoudrer des graines restantes puis les entailler légèrement en croix (voir page 11). Enfourner sans attendre, jeter aussitôt un peu d'eau bouillante sur la lèchefrite puis refermer la porte. Laisser cuire 30 à 40 minutes, sans ouvrir le four. Laisser refroidir sur une grille.

* En épicerie bio.
** Ou 150 g de levain frais ou 20 g de levure de boulanger fraîche ou 10 g de levure de boulanger déshydratée.

Pain aux fruits secs

Parfait pour accompagner le fromage.

20 minutes
3 à 4 heures
40 minutes

INGRÉDIENTS
(À TEMPÉRATURE AMBIANTE)
400 g de farine de blé bise T80*
70 g de farine de seigle*
30 g de farine de châtaigne*
250 ml d'eau + 60 ml de lait
20 g de levain déshydraté**
8 g de sel
20 g de sucre roux
50 g de noisettes
50 g d'amandes
30 g de noix

PÉTRISSAGE À LA MAIN Mélanger tous les ingrédients, sauf les fruits secs, en ajoutant le mélange liquide, petit à petit, puis pétrir la pâte pendant 10 minutes, en la malaxant avec les paumes des mains jusqu'à ce qu'elle soit élastique et se détache des doigts (voir page 12). Quelques minutes avant la fin du pétrissage, ajouter les fruits secs.

PÉTRISSAGE AU ROBOT Mettre tous les ingrédients, sauf les fruits secs, dans la cuve du robot muni du crochet pétrisseur, et pétrir 3 minutes à vitesse lente, puis 7 minutes à vitesse rapide (voir page 13). Ajouter les fruits secs en fin de pétrissage.

Mettre le pâton bien fariné dans un saladier profond et fariné, couvrir d'un torchon humide et réserver dans un endroit tiède (entre 22 et 26 °C) à l'abri des courants d'air. Laisser reposer entre 1 heure 30 et 2 heures. Sortir le pâton et le pétrir délicatement pendant 1 minute, puis procéder au façonnage en boule (voir page 15). La déposer dans un banneton fariné et la laisser reposer pendant 1 heure 30 à 2 heures, à l'abri des courants d'air, dans un endroit tiède.

Préchauffer le four à 220 °C, chaleur traditionnelle, pendant 10 minutes. Renverser délicatement le pâton sur la plaque du four farinée et l'entailler (voir page 11). Enfourner sans attendre, jeter aussitôt un peu d'eau bouillante sur la lèchefrite afin de provoquer de la vapeur d'eau pus refermer la porte. Laisser cuire 30 à 40 minutes, sans ouvrir le four. Laisser refroidir le pain sur une grille.

BON À SAVOIR
On peut utiliser un mélange de fruits secs pour apéritif tout prêt à condition d'enlever les cacahuètes (elles donneraient de l'amertume au pain).

* En épicerie bio.
** Ou 150 g de levain frais ou 20 g de levure de boulanger fraîche ou 10 g de levure de boulanger déshydratée.

Pain rapide

Un pain traditionnel irlandais (le soda bread) qui se fait sans levain, ni pétrissage ni temps de repos. À déguster dès sa sortie du four.

5 minutes
aucune
30 minutes

INGRÉDIENTS (À TEMPÉRATURE AMBIANTE)

250 g de farine de blé T65 ou T80
4 g de bicarbonate
3 g de sel
1 yaourt nature
120 ml de lait
1 cuillerée à café de jus de citron

Préchauffer le four à 200 °C, chaleur traditionnelle. Faire légèrement tiédir le lait avec le yaourt et les verser sur la farine. Ajouter le sel, le jus de citron et le bicarbonate. Mélanger tous les ingrédients très rapidement dans un saladier, sans pétrir. Mettre en boule puis fariner généreusement.

Enfourner et jeter aussitôt un peu d'eau bouillante sur la lèchefrite (pour provoquer de la vapeur d'eau dans le four), puis laisser cuire 25 à 30 minutes. Sortir et déguster encore chaud.

BON À SAVOIR

Ce pain, au goût assez particulier, est à consommer rapidement. Il est délicieux avec du beurre.

VARIANTE

On peut remplacer le yaourt et le lait par du babeurre (lait ribot) ou par du lait fermenté.

Pain sans gluten

Un pain sans pétrissage.

5 minutes
1 heure 30
45 minutes

INGRÉDIENTS
(À TEMPÉRATURE AMBIANTE)
500 g de préparation pour pain sans gluten* (à base de farine de riz, de sarrasin, de fécule de maïs...)
400 ml d'eau (selon les modalités du fabricant)
20 g de levain au quinoa* (sans gluten)

Mélanger les ingrédients en ajoutant l'eau petit à petit, puis pétrir l'ensemble pendant environ 1 minute. Façonner un pain long (voir page 14) puis le saupoudrer généreusement de farine sans gluten. Le laisser lever dans un moule à cake recouvert d'un torchon pendant 1 heure 30, à une température comprise entre 22 et 26 °C et à l'abri des courants d'air.

Préchauffer le four à 180 °C, chaleur traditionnelle, puis faire cuire le pain dans son moule pendant 45 minutes environ. Le sortir du four, le démouler et le laisser refroidir sur une grille.

BON À SAVOIR
Les préparations pour pain sans gluten intègrent la plupart du temps la proportion exacte de sel, mais aussi de la gomme de guar, essentielle pour assurer la cohésion de la pâte en l'absence de gluten.

* En épicerie bio.

Pain sur poolish

La poolish est une technique simple qui permet au pain de développer son arôme. Le pain se prépare en deux temps : la veille au soir et le lendemain.

20 minutes
2 à 3 heures + 1 nuit
40 minutes

INGRÉDIENTS (À TEMPÉRATURE AMBIANTE)

100 g de farine de blé T65
400 g de farine bise* (T80 ou T110)
300 ml d'eau
11 g de levain déshydraté**
8 g de sel

* En épicerie bio.
** Ou 80 g de levain frais ou 10 g de levure de boulanger fraîche ou 5 g de levure de boulanger déshydratée.

LA VEILLE AU SOIR

Mélanger la farine T65 avec 100 ml d'eau tiédie et 1 pincée de levain déshydraté: on doit obtenir une pâte à crêpes un peu épaisse. Couvrir d'un torchon et laisser reposer toute la nuit dans un endroit tiède (22 à 26 °C) et à l'abri des courants d'air.

LE LENDEMAIN MATIN

Ajouter à la préparation de la veille 400 g de farine bise, 10 g de levain déshydraté, 8 g de sel et 200 ml d'eau, petit à petit. Bien mélanger. L'eau doit « buller ».

PÉTRISSAGE À LA MAIN Mélanger tous les ingrédients en ajoutant l'eau, petit à petit, puis pétrir la pâte pendant 10 minutes, en la malaxant avec les paumes des mains jusqu'à ce qu'elle soit élastique et se détache des doigts (voir page 12).

PÉTRISSAGE AU ROBOT Mettre tous les ingrédients dans la cuve du robot muni du crochet pétrisseur, et pétrir 3 minutes à vitesse lente, puis 7 minutes à vitesse rapide (voir page 13).

Mettre le pâton fariné dans un saladier profond et fariné, couvrir d'un torchon humide et réserver dans un endroit tiède à l'abri des courants d'air. Laisser reposer 1 heure à 1 heure 30. Sortir le pâton et le pétrir délicatement 1 minute, puis procéder au façonnage en pain long (voir page 14). Bien fariner le dessus, puis déposer le pain sur la plaque du four farinée. Laisser reposer 1 heure à 1 heure 30, dans un endroit tiède.

Préchauffer le four à 220 °C, chaleur traditionnelle, 10 minutes. Entailler le pain (voir page 11), enfourner, jeter de l'eau bouillante sur la lèchefrite et refermer la porte. Laisser cuire entre 30 et 40 minutes, sans ouvrir le four. Laisser refroidir sur une grille.

Pain à la farine de châtaigne

Un pain dense, sombre et qui gonfle peu, mais au délicieux goût de châtaigne.

20 minutes
3 à 4 heures
40 minutes

INGRÉDIENTS (À TEMPÉRATURE AMBIANTE)

430 g de farine de blé bise* (T80 ou T110)
70 g de farine de châtaigne*
320 ml d'eau
20 g de levain déshydraté**
8 g de sel
10 g de sucre

PÉTRISSAGE À LA MAIN Mélanger tous les ingrédients en ajoutant l'eau, petit à petit, puis pétrir la pâte pendant 10 minutes, en la malaxant avec les paumes des mains jusqu'à ce qu'elle soit élastique et se détache des doigts (voir page 12).

PÉTRISSAGE AU ROBOT Mettre tous les ingrédients dans la cuve du robot muni du crochet pétrisseur, et pétrir 3 minutes à vitesse lente, puis 7 minutes à vitesse rapide (voir page 13).

Mettre le pâton bien fariné dans un saladier assez profond et fariné, couvrir d'un torchon humide et réserver dans un endroit tiède (entre 22 et 26 °C) à l'abri des courants d'air. Laisser reposer entre 1 heure 30 et 2 heures. Sortir le pâton et le pétrir délicatement pendant 1 minute, puis procéder au façonnage en marguerite : couper la pâte en six parts égales et façonner chacune en boule (voir page 15). En poser une au centre de la plaque farinée et les cinq autres autour, sans qu'elles se touchent. Elles vont gonfler et se rejoindre lors de la levée et de la cuisson. Laisser reposer de nouveau pendant 1 heure 30 à 2 heures, à l'abri des courants d'air et dans un endroit tiède.

Préchauffer le four à 220 °C, chaleur traditionnelle, pendant 10 minutes. Enfourner et jeter aussitôt un peu d'eau bouillante sur la lèchefrite. Laisser cuire 30 à 40 minutes, sans ouvrir le four. Laisser refroidir sur une grille.

VARIANTE

Pour rendre ce pain plus moelleux, remplacer 60 ml de liquide par un œuf battu en omelette, et panacher l'eau avec du lait.

* En épicerie bio.

** Ou 150 g de levain frais ou 20 g de levure de boulanger fraîche ou 10 g de levure de boulanger déshydratée.

Pain de maïs

Attention à ne pas confondre farine de maïs (aussi fine que la farine de blé) et semoule de maïs (polenta). Ce pain traditionnel au Portugal est bon comme du gâteau.

20 minutes
2 à 3 heures
40 minutes

INGRÉDIENTS
(À TEMPÉRATURE AMBIANTE)

250 g de farine de maïs*
250 g de farine de blé T65
290 à 310 ml d'eau
20 g de levain déshydraté**
8 g de sel
polenta (facultatif)

PÉTRISSAGE À LA MAIN Mélanger tous les ingrédients en ajoutant l'eau, petit à petit, puis pétrir la pâte pendant 10 minutes, en la malaxant avec les paumes des mains jusqu'à ce qu'elle soit élastique et se détache des doigts (voir page 12).

PÉTRISSAGE AU ROBOT Mettre tous les ingrédients dans la cuve du robot muni du crochet pétrisseur, et pétrir 3 minutes à vitesse lente, puis 7 minutes à vitesse rapide (voir page 13).

Mettre le pâton bien fariné dans un saladier profond et fariné, couvrir d'un torchon humide et réserver dans un endroit tiède (entre 22 et 26 °C) à l'abri des courants d'air. Laisser reposer entre 1 heure et 1 heure 30. Sortir le pâton et le pétrir délicatement pendant 1 minute, puis procéder au façonnage en tresse : couper le pâton en trois parts égales et façonner trois pains longs (voir page 14), puis les tresser d'une manière lâche (il doit y avoir beaucoup d'espaces entre chaque tresse, ils seront comblés pendant la levée du pain). Déposer la tresse sur la plaque du four farinée et laisser reposer de nouveau 1 heure à 1 heure 30, à l'abri des courants d'air, dans un endroit tiède.

Préchauffer le four à 220 °C, chaleur traditionnelle, pendant 10 minutes. Badigeonner le dessus du pain avec de l'eau, puis saupoudrer de polenta. Enfourner sans attendre et jeter aussitôt un peu d'eau bouillante sur la lèchefrite. Laisser cuire 30 à 40 minutes, sans ouvrir le four. laisser refroidir sur une grille.

BON À SAVOIR

L'eau à rajouter est variable selon les farines de maïs. L'ajouter progressivement en cours de pétrissage pour obtenir une pâte souple et non collante.

* En épicerie bio.

** Ou 150 g de levain frais ou 20 g de levure de boulanger fraîche ou 10 g de levure de boulanger déshydratée.

Pain Kamut® et noisettes

Le Kamut®, aussi appelé "blé des pharaons", est une céréale ancienne dont le goût, très fin, est souligné ici par la saveur des noisettes.

20 minutes
2 à 3 heures
30 minutes

INGRÉDIENTS
(À TEMPÉRATURE AMBIANTE)

350 g de farine de blé T65
150 g de farine de Kamut*
320 ml d'eau
20 g de levain déshydraté**
8 g de sel
80 g de noisettes

PÉTRISSAGE À LA MAIN Mélanger tous les ingrédients, sauf les noisettes, en ajoutant l'eau, petit à petit, puis pétrir la pâte pendant 10 minutes, en la malaxant avec les paumes des mains jusqu'à ce qu'elle soit élastique et se détache des doigts (voir page 12). Ajouter les noisettes en fin de pétrissage.

PÉTRISSAGE AU ROBOT Mettre tous les ingrédients, sauf les noisettes, dans la cuve du robot muni du crochet pétrisseur, et pétrir 3 minutes à vitesse lente, puis 7 minutes à vitesse rapide (voir page 13). Ajouter les noisettes en fin de pétrissage.

Mettre le pâton bien fariné dans un saladier assez profond et fariné, couvrir d'un torchon humide et réserver dans un endroit tiède (entre 22 et 26 °C) à l'abri des courants d'air. Laisser reposer entre 1 heure et 1 heure 30. Sortir le pâton et le pétrir délicatement pendant 1 minute, puis procéder au façonnage en boule (voir page 15). La déposer dans un banneton fariné et la laisser reposer pendant 1 heure à 1 heure 30, à l'abri des courants d'air et à une température comprise entre 22 et 26 °C.

Préchauffer le four à 220 °C, chaleur traditionnelle, pendant au moins 10 minutes. Renverser délicatement le pâton sur la plaque du four farinée et l'entailler en croisillons. Enfourner sans attendre, jeter aussitôt un peu d'eau bouillante sur la lèchefrite afin de provoquer de la vapeur d'eau puis refermer la porte. Laisser cuire 30 à 40 minutes, sans ouvrir le four. Laisser refroidir sur une grille.

* En épicerie bio.

** Ou 150 g de levain frais ou 20 g de levure de boulanger fraîche ou 10 g de levure de boulanger déshydratée.

Pain à la polenta

Un mélange de blé, d'épeautre et de semoule de maïs (polenta) pour un joli pain à la mie assez fine.

20 minutes
2 à 3 heures
40 minutes

INGRÉDIENTS
(À TEMPÉRATURE AMBIANTE)

300 g de farine de blé T65
100 g de polenta (semoule de maïs)
50 g de farine de blé T150*
50 g de farine d'épeautre*
320 ml d'eau
20 g de levain déshydraté**
8 g de sel

PÉTRISSAGE À LA MAIN Mélanger tous les ingrédients en ajoutant l'eau, petit à petit, puis pétrir la pâte pendant 10 minutes, en la malaxant avec les paumes des mains jusqu'à ce qu'elle soit élastique et se détache des doigts (voir page 12).

PÉTRISSAGE AU ROBOT Mettre tous les ingrédients dans la cuve du robot muni du crochet pétrisseur, et pétrir 3 minutes à vitesse lente, puis 7 minutes à vitesse rapide (voir page 13).

Mettre le pâton bien fariné dans un saladier assez profond et fariné, couvrir d'un torchon humide et réserver dans un endroit tiède (entre 22 et 26 °C) à l'abri des courants d'air. Laisser reposer entre 1 heure et 1 heure 30. Sortir le pâton et le pétrir délicatement pendant 1 minute, puis procéder au façonnage en pain long (voir page 14). Déposer celui-ci sur la plaque du four farinée et laisser reposer de nouveau pendant 1 heure à 1 heure 30, à l'abri des courants d'air et à une température comprise entre 22 et 26 °C.

Préchauffer le four à 220 °C, chaleur traditionnelle, pendant au moins 10 minutes. Faire des entailles en diagonale pas trop profondes sur le pain (voir page 11). Enfourner sans attendre, jeter aussitôt un peu d'eau bouillante sur la lèchefrite afin de provoquer de la vapeur d'eau puis refermer la porte. Laisser cuire 30 à 40 minutes sans ouvrir le four. Laisser refroidir sur une grille.

* En épicerie bio.
** Ou 150 g de levain frais ou 20 g de levure de boulanger fraîche ou 10 g de levure de boulanger déshydratée.

Pain à la semoule (à la poêle)

Ce pain savoureux se déguste partout sur les bords de la Méditerranée. Il cuit vite, à la poêle.

20 minutes
2 heures
10 minutes

INGRÉDIENTS (À TEMPÉRATURE AMBIANTE)

250 g de semoule de blé dur très fine
100 g de farine de blé T65
120 ml d'eau (ajouter de l'eau en cours de pétrissage si le pâton est trop sec)
1 cuillerée à café de levure de boulanger déshydratée
4 g de sel
1 cuillerée à soupe d'huile d'olive
1 cuillerée à café de jus de citron
1 cuillerée à café de cardamome en poudre ou de graines de fenouil

PÉTRISSAGE À LA MAIN Mélanger tous les ingrédients en ajoutant l'eau, petit à petit, puis pétrir la pâte pendant 10 minutes, en la malaxant avec les paumes des mains jusqu'à ce qu'elle soit élastique et se détache des doigts (voir page 12).

PÉTRISSAGE AU ROBOT Mettre tous les ingrédients dans la cuve du robot muni du crochet pétrisseur, et pétrir 2 minutes à vitesse lente, puis 5 minutes à vitesse rapide (voir page 13).

Mettre le pâton bien fariné dans un saladier profond et fariné, couvrir d'un torchon humide et réserver dans un endroit tiède (entre 22 et 26 °C) à l'abri des courants d'air. Laisser lever pendant 1 heure. Sortir le pâton et le pétrir délicatement pendant 1 minute, puis l'aplatir pour lui donner la forme d'une galette. La déposer dans un moule à tarte fariné de la taille de la poêle dans laquelle elle va cuire. Couvrir d'un torchon et laisser reposer 1 heure, à l'abri des courants d'air.

Mettre à chauffer la poêle sans matières grasses. Déposer la galette, couvrir et faire cuire le pain à feu vif 10 minutes de chaque côté. Ce pain, vite cuit, sèche assez rapidement et doit être dégusté sans attendre.

BON À SAVOIR

La quantité d'eau à ajouter varie en fonction de la semoule de blé dur utilisée. Il est préférable de l'ajouter très progressivement en cours de pétrissage pour obtenir une pâte souple et non collante.

Petits pains au lait

Des petits pains douceur
pour le petit déjeuner ou le goûter.

20 minutes
environ 3 heures
25 minutes

INGRÉDIENTS
(À TEMPÉRATURE AMBIANTE)

500 g de farine de blé T65
270 ml de lait
20 g de levain déshydraté*
5 g de sel
70 g de beurre fondu (mis avec le lait)
50 g de sucre (mis avec le lait)
le zeste d'une orange (facultatif)
1 sachet de sucre vanillé (facultatif)

PÉTRISSAGE À LA MAIN Mélanger tous les ingrédients en ajoutant le lait, petit à petit, puis pétrir la pâte pendant 10 minutes, en la malaxant avec les paumes des mains jusqu'à ce qu'elle soit élastique et se détache des doigts (voir page 12).

PÉTRISSAGE AU ROBOT Mettre tous les ingrédient dans la cuve du robot muni du crochet pétrisseur, et pétrir 3 minutes à vitesse lente, puis 7 minutes à vitesse rapide (voir page 13).

Mettre le pâton bien fariné dans un saladier assez profond et fariné, couvrir d'un torchon humide et réserver dans un endroit tiède (entre 22 et 26 °C) à l'abri des courants d'air. Laisser reposer pendant 1 heure 30. Sortir le pâton et le couper en 2 morceaux égaux puis de nouveau en deux. Couper chacun des quatre morceaux en 3 afin d'en obtenir 12 en tout. Les façonner en boule (voir page 15) Les déposer sur la plaque du four farinée et les recouvrir d'un linge bien fariné. Laisser reposer de nouveau 1 heure 30 environ, à l'abri des courants d'air et à une température comprise entre 22 et 26 °C.

Préchauffer le four à 200 °C, chaleur traditionnelle, pendant 10 minutes. Faire une petite entaille centrale sur chaque pain (voir page 11). Enfourner sans attendre, jeter aussitôt un peu d'eau bouillante sur la lèchefrite afin de provoquer de la vapeur d'eau puis refermer la porte. Laisser cuire 20 minutes, puis baisser la température du four à 180 °C et prolonger la cuisson 5 minutes : les petits pains doivent être dorés. Laisser refroidir sur une grille.

* Ou 150 g de levain frais ou 20 g de levure de boulanger fraîche ou 10 g de levure de boulanger déshydratée.

Brioche tradition

Un grand classique pour les jours de fête !

20 minutes
3 heures 30 à 4 heures
25 minutes

INGRÉDIENTS (À TEMPÉRATURE AMBIANTE)

250 g de farine de blé T45 (farine pour pâtisserie)
40 ml de lait
20 ml d'eau de fleur d'oranger
2 œufs entiers battus en omelette (soit environ 120 g d'œufs)
1 sachet de levure de boulanger instantanée
4 g de sel
100 g de beurre coupé en petits morceaux
50 g de sucre
1 sachet de sucre vanillé
1 cuillerée à café de jus de citron (facultatif)
1 pincée de curcuma (pour la couleur, facultatif)

PÉTRISSAGE À LA MAIN Mélanger la farine et la levure de boulanger instantanée. Ajouter le beurre mou, coupé en morceaux, le sucre et le sucre vanillé, l'eau de fleur d'oranger, les œufs battus en omelette et le sel. Commencer à pétrir en ajoutant le lait, petit à petit. Incorporer le curcuma et le jus de citron. Pétrir la pâte avec les paumes pendant 10 minutes, en la malaxant de manière régulière jusqu'à ce qu'elle soit très élastique et se détache des doigts (elle doit être un peu plus molle que la pâte à pain).

PÉTRISSAGE AU ROBOT Mettre tous les ingrédients dans la cuve du robot muni du crochet pétrisseur, pétrir 3 minutes à vitesse lente, puis 7 minutes à vitesse rapide (voir page 13).

Mettre le pâton fariné dans un saladier profond et fariné, couvrir d'un torchon humide et réserver dans un endroit tiède (entre 22 et 26 °C) à l'abri des courants d'air. Laisser reposer entre 1 heure 30 et 2 heures. Sortir le pâton et le pétrir rapidement, puis le laisser reposer encore 1 heure, dans un endroit tiède à l'abri des courants d'air. Ressortir le pâton et le pétrir rapidement. Le façonner en pain long (voir page 14) puis en couronne : le centre se refermera lors de la levée. La déposer sur la plaque du four farinée et laisser reposer dans un endroit tiède, à l'abri des courants d'air, pendant 1 heure.

Préchauffer le four à 180 °C, chaleur traditionnelle. Badigeonner le dessus du pâton de lait froid. Enfourner 25 minutes. Si la brioche dore trop vite, la recouvrir de papier d'aluminium. Laisser tiédir la brioche sur une grille.

VARIANTES

Ajouter des fruits confits ou du sucre en grains sur le dessus de la couronne. Parfumer la pâte avec des zestes d'orange ou de citron.

Cathy Ytak remercie David Japy et Sabrina Fauda-Rôle pour leur accueil, leur savoir-faire et leur écoute, et dédie ce livre à Éric, pour le pain partagé.

Sabrina Fauda-Rôle remercie Nathalie Lavirotte pour le prêt du Kitchenaid®.

Tous droits réservés. Toute reproduction ou utilisation de l'ouvrage sous quelque forme et par quelque moyen électronique, photocopie, enregistrement ou autre que ce soit est strictement interdite sans l'autorisation de l'éditeur.
Création graphique : Chic&Artistic
Mise en pages : Frédéric Voisin
Relecture : Chloé Chauveau et Véronique Dussidour

© Hachette Livre (Marabout) 2014
43, quai de Grenelle, 75905 Paris Cedex 15
Dépôt légal : août 2014
7911143
ISBN : 978-2-501-09742-0
Achevé d'imprimer en Espagne chez Graphicas Estella en juillet 2014

PAPIER À BASE DE FIBRES CERTIFIÉES

MARABOUT
s'engage pour l'environnement en réduisant l'empreinte carbone de ses livres.
Celle de cet exemplaire est de :
500 g éq. CO_2
Rendez-vous sur www.marabout-durable.fr

Bon à savoir

INGRÉDIENTS

✦ La qualité de la farine est très importante : privilégier les farines biologiques, exemptes de pesticides. Attention : la farine dite « sans grumeaux » ou « pour pâtisserie » est trop raffinée et ne convient pas pour le pain. Choisir une farine T55 au minimum, et de préférence T65.

✦ La levure chimique ne doit pas être utilisée (elle ne permet pas au pain de lever, elle ne sert que pour les gâteaux).

✦ La levure de boulanger ne doit jamais toucher le sel sous peine de détruire son principe actif.

✦ On pourrait penser que plus on met de levure, plus le pain va gonfler. C'est faux ! Le pain gonflerait bien à la levée, mais s'effondrerait irrémédiablement lors de la cuisson. Si, une fois cuit, le pain est creusé sur le dessus, c'est sûrement un excès de levure.

✦ Si l'eau est trop chlorée, elle nuira à la levée du pâton. Choisir de préférence de l'eau filtrée ou de l'eau de source en bouteille, à température ambiante.

✦ Il est possible de réduire la quantité de sel, mais il ne faut pas le supprimer complètement car il est essentiel à la maturation du pain (il l'empêche de trop gonfler).

ÉQUIVALENCES

✦ Équivalences des appellations des farines pour la Suisse et la Belgique : T45 : fine fleur/tresse ou 400 ; T55 : blanche, 500 ou 550 ; T80 : bise, ou 700 ; T110, T130 : semi-complète, ou 1100 ; T150, T170 : complète, ou 1900.

20 g de levain déshydraté = 150 g de levain frais ou 10 g de levure de boulanger déshydratée ou 20 g de levure de boulanger fraîche.

1 cuillerée à café = 4 g de farine ou de levure environ.
1 cuillerée à soupe = 10 g de farine environ.

USTENSILES

✦ Les verres doseurs ont des graduations approximatives. Mieux vaut utiliser une balance, si possible électronique. Pour mémoire, 100 ml d'eau = 100 g, et 1 litre = 1 kg.

✦ Un banneton est un panier en osier recouvert de toile de lin. On peut le remplacer par n'importe quel moule, passoire ou saladier tapissé d'un torchon propre généreusement fariné. Mettre le pâton dedans et replier la toile dessus. Quand la levée est terminée, retourner très délicatement le pâton sur une plaque de four farinée.